30 Minutos

Aprenda a meditar

de forma fácil y rápida

Título original: *30 Minuten Business-Meditation*
© 2013 GABAL Verlag GmbH, Offenbach

© de esta edición:
Editorial Alma Europa S.L., 2015
Av. Diagonal n.º 440, 1.º 1.ª
08037 Barcelona
info@editorialalma.com
www.editorialalma.com

Traducción del alemán: Amalia Risueño para LocTeam,
Barcelona, 2015
Redacción y maquetación de la edición en español: LocTeam,
Barcelona

La presente traducción se ha publicado con la autorización
de Gabal Verlag GmbH.

Las ilustraciones de las páginas 17 y 18 son cortesía de Bausinger S.L.

Impresión y encuadernación: Tallers Gràfics Soler, Barcelona

ISBN 978-84-15618-25-6
Depósito legal: B-21551-2014

Impreso en España
Printed in Spain

*El presente libro ha sido cuidadosamente elaborado. Sin embargo, ni el autor
ni la editorial pueden garantizar la veracidad de todos los datos ni aceptar
responsabilidades por los posibles daños y perjuicios derivados de las
indicaciones de este libro.*

Aprender fácilmente en 30 minutos

Este libro está pensado para que pueda asimilar información rigurosa y concisa en muy poco tiempo. Gracias a sus pautas y esquemas, podrá recorrer estas páginas en función de su disponibilidad (de 10 a 30 minutos) y retener lo fundamental.

Guía de lectura rápida
Podrá leer el libro entero en tan solo 30 minutos. Si dispone de menos tiempo, lea únicamente los apartados que contienen información relevante para usted.

- La información importante está resaltada en color azul.

- Al comienzo de cada capítulo figuran varias preguntas clave que remiten a un número de página para facilitar la orientación. De este modo, puede acceder directamente a la página que más le interese.

- *Cada capítulo contiene varios resúmenes que le permitirán leer en diagonal.*

30

- Al final del libro encontrará una sinopsis con los aspectos más importantes.

- Un índice temático al final del libro le facilitará las consultas.

Índice

Prólogo

¡Hacia nuevos horizontes!

Nuestro entorno de trabajo cambia rápidamente al tiempo que aumentan las exigencias en el terreno profesional. Por tanto, es responsabilidad del individuo cuidar su salud, fomentarla y actuar de acuerdo con sus recursos. Con demasiada frecuencia nos olvidamos de que el tiempo que dedicamos a nuestro trabajo también es tiempo de vida y de que este influye significativamente en nuestra felicidad y calidad de vida. En las siguientes páginas aprenderá lo que la meditación puede aportarle en este sentido y cómo en poco tiempo y sin necesidad de instrumentos adicionales puede obtener más salud y serenidad en su vida. La meditación no solo sienta bien, sino que también le ayudará a determinar qué pensamientos le dan fuerza y alegría.

Considere los ejercicios de este libro como una variedad de posibilidades que usted examinará, esperemos que con curiosidad, con la idea de encontrar aquellas que mejor se adapten a sus necesidades. Comience a emplear el tiempo entre dos tareas como un «puente de relajación» para, por un momento, estar completamente consigo mismo y descansar la mente. Pronto se dará cuenta de lo fácil que resulta integrar la meditación en su entorno profesional y privado, y percibirá los efectos positivos que esto tiene sobre su estado físico y mental.

Este libro está basado en los conocimientos actuales de la neurociencia y le guía de una forma clara en la práctica de la meditación.

En este sentido, le deseo mucho éxito y buena salud.

MONIKA ALICJA POHL

30 MINUTOS

1. Introducción a la meditación

El término *meditación* encierra una técnica mental transcultural que aprovecha la relación entre el cuerpo y la mente. A pesar de que encontramos la práctica de la contemplación meditativa en muchas religiones, la meditación puede practicarse con independencia de cualquier tipo de dogmas espirituales. No es casualidad que hoy en día precisamente este tipo de ejercicios estén adquiriendo cada vez mayor importancia y que se asocien con el bienestar, el descubrimiento de uno mismo, la relajación y el equilibrio mental.

Hay muchos tipos de meditación. En la selección que presentamos a continuación se trata principalmente de técnicas basadas en la atención tanto en reposo como en movimiento. La atención se centra en la autogestión en forma de una desaceleración de los acontecimientos cotidianos y la relajación del cuerpo y la mente. En las siguientes páginas descubrirá cómo, dentro de este contexto, los efectos positivos de la meditación influyen positivamente sobre las emociones y el sistema inmunológico.

1.1 Prevenir el estrés y el síndrome de burnout con la meditación

Desde el punto de vista fisiológico, hay una estrecha relación entre la respiración y los reflejos vegetativos, por ejemplo, en una situación de estrés, pues el estrés, por lo general, provoca tensión muscular, un incremento de la liberación de hormonas del estrés en el cuerpo, un aumento de la tensión arterial y una respiración rápida y poco profunda. Una respiración abdominal regular y tranquila devuelve el equilibrio a cuerpo y mente, poniendo fin a la respuesta del organismo al estrés y devolviendo los procesos físicos a la normalidad. Como consecuencia, los ejercicios de meditación basados en la respiración tienen efectos positivos tanto a nivel fisiológico como emocional en las personas que sufren estrés.

¿Burnout? No, gracias

Por supuesto que el estrés forma parte de nuestra vida y también puede enriquecerla. Nos motiva y de vez en cuando nos espolea para que nos esforcemos al máximo. Solo cuando el estrés se instala en nosotros de forma permanente y las fases de regeneración y relajación se alejan cada vez más, necesitamos intervenir urgentemente. Cuanto mayores son la carga y el nivel de estrés personal, más a menudo se presentan enfermedades y síntomas no específicos. Hace tiempo que es de sobra conocido que cuerpo y mente conforman una unidad y se influyen mutuamente.

Lo que comienza como un síntoma físico bien puede tener una causa diferente, y si lo ignoramos, no solo puede acabar convirtiéndose en una enorme carga para los afectados, sino que con el tiempo puede desencadenar una espiral descendente que, en el peor de los casos, termina en un síndrome de *burnout.*

De acuerdo con estudios recientes, los largos periodos de inactividad en la empresa pueden provocar enfermedades mentales, entre ellas también el síndrome de *burnout.* Para no llegar tan lejos, debemos actuar activamente de forma preventiva y escuchar más a menudo a nuestra voz interior. En la meditación nos tomamos el tiempo y el espacio necesarios para hacer justamente eso, y así somos capaces de coger el timón a tiempo: ¡hacia nuevos horizontes!

Cuando asumimos una mayor responsabilidad por nuestra salud física y mental, fortalecemos al mismo tiempo la confianza en nuestras propias capacidades y adoptamos una posición desde la que podemos sacar fuerzas sin depender constantemente de los demás. Con una percepción corporal mejorada, también desarrollamos un sentido más agudo de las situaciones y de las personas que nos rodean. A menudo, esta nueva capacidad nos aporta un aura positiva, que nuestro entorno valora como algo particularmente atractivo. Esto debería ser recompensa suficiente.

La meditación como ayuda a la autoayuda

La práctica de la meditación es sencilla, fácilmente comprensible y adecuada para todo el mundo, sin importar la edad, el sexo y la condición física. Podemos meditar en el jardín mientras arrancamos las malas hierbas, en silencio sentados sobre un cojín o en la silla de la oficina delante de la pantalla. Algunos prefieren meditar en movimiento y, por tanto, optan por una forma dinámica de ejercicio. Independientemente de la forma por la que se decida, con la meditación vivirá de manera más consciente y tranquila. Con algo de práctica, se convertirá en observador silencioso de sus propios pensamientos y sentimientos y, de esta manera, estará más en contacto consigo mismo. Aprenderá a no juzgar el curso de los acontecimientos y a tener una actitud más benevolente hacia sí mismo y hacia los demás.

Los ejercicios de atención incluyen todos los canales sensoriales y nos ayudan a que percibamos de forma precisa y diferenciada, sin hacer juicios apresurados. Al aprender a no juzgar directamente una situación o un estado, abandonamos nuestros patrones habituales y de esta manera ganamos tiempo para escoger una respuesta diferente. Con la práctica, seremos capaces de eliminar la tensión de un acontecimiento estresante. Así podremos considerarlo con más objetividad y dejar de percibirlo como una amenaza. Todo lo que necesita es un poco de curiosidad, paciencia y perseverancia. Aunque no es necesario que firme un contrato, debe llegar a un acuerdo consigo mismo y meditar de forma regular durante algún tiempo. Después de unas semanas, recuéstese relajadamente y evalúe si su experiencia personal se corresponde con la teoría.

Más equilibrio vital como efecto secundario

Quien medita regularmente a menudo llega a un punto en el que ha de redefinir sus prioridades. De repente, las cosas que antes estaban en primer plano pueden dejar de estarlo, porque mediante una nueva evaluación de la situación pierden significado y, con ello, poder e influencia.

La meditación no nos confiere poderes mágicos, no sustituye a una terapia y, por supuesto, no es la solución a todos los problemas. Sin embargo, refuerza nuestra capacidad intuitiva y la confianza en nosotros mismos. Su objetivo es que tomemos conciencia de las diferentes facetas de la propia identidad, que reconozcamos nuestras necesidades y, en consecuencia, que seamos capaces de actuar de forma independiente. Así que si ha descuidado durante largo tiempo su salud, sus relaciones sociales o una de sus aficiones preferidas, ahora es el momento de darle solución. Reserve un momento para cada una de las facetas de la vida en su día a día:

- éxito en su profesión y su carrera;
- un estilo de vida saludable para cuerpo y mente;
- la familia y las relaciones sociales;
- aficiones, sueños y planes de futuro.

Seguramente ahora ya se ha dado cuenta de que la meditación es mucho más que una simple herramienta para relajarse.

Es un proceso activo, que le permite profundizar mucho más en su mundo interior. La condición para ello es reducir el estrés, algo que sucede tan pronto como el carrusel de nuestros pensamientos deja de girar.

Entrenarse en la práctica de la meditación deja huellas

Es cierto que los seres humanos, por lo general, tenemos las mismas necesidades y todos deseamos alcanzar la felicidad en la vida; sin embargo, la meditación no afecta a todo el mundo de la misma manera, pues cada persona es demasiado única e individual. No obstante, los evidentes efectos de esta forma de entrenamiento pueden probarse científicamente. Así, por ejemplo, mediante una práctica regular aumenta la densidad de las células cerebrales en ciertas áreas que se activan al superar el estrés, regular las emociones y entrenar la empatía. Esto no es solamente un buen motivo para alegrarse, sino también una evidencia de que ciertos circuitos cerebrales son todavía maleables incluso en la edad adulta.

También se analizó en algunos estudios el impacto que una meditación frecuente tiene sobre el sistema inmunológico y, por lo tanto, sobre el poder de autocuración. Se encontró un aumento de mensajeros químicos que juegan un papel importante en las reacciones inflamatorias. En la actualidad se está investigando y trabajando mucho para establecer entrenamientos de meditación de manera responsable en el día a día de muchas empresas. Esperamos que este libro contribuya en algo a ello.

La meditación representa una forma de entrenamiento mental que tiene un efecto global sobre nosotros. Nos ayuda a afrontar los desafíos de la vida cotidiana con más autocontrol y serenidad, y actualmente está propiciando una revalorización de la salud y el bienestar en el mundo laboral.

30

1.2 Posturas, gestos y fórmulas beneficiosas

Antes de comenzar con la meditación, nos gustaría presentarle y explicarle el sentido de algunas posturas para sentarse, gestos de manos y dedos, así como frases estereotipadas. En primer lugar, deben beneficiar su práctica y ayudarle a mantener la orientación interna y la concentración. A veces adoptamos una postura concreta incluso de forma intuitiva o hacemos un gesto por costumbre. Sin darnos cuenta, ponemos nuestros dedos y manos en una determinada posición, lo que nos ayuda a estar despiertos y lúcidos, por ejemplo, a trasmitir mayor seguridad en una presentación. Y ante un desafío nos preparamos conscientemente diciendo para animarnos: «Todo va a salir bien».

Encontrar la postura de meditación correcta

La versión clásica de la meditación es la meditación que se realiza en postura sentada. No obstante, a pesar del sedentarismo de nuestra cultura, no estamos acostumbrados a estar sentados en silencio durante un periodo largo de tiempo. A pesar de ello, sentarse en posición erguida es una clave esencial para llevar a cabo con éxito la práctica de la meditación, pues a menudo nuestra actitud hacia la vida se refleja en nuestra postura corporal. En la meditación, a través de una postura lo más erguida posible, buscamos el equilibrio de la mente.

No hay motivo para engañarse a sí mismo. Por lo tanto, sea auténtico y esté abierto a los pensamientos y sentimientos que percibirá. Intente no valorarlos, clasificarlos, comentarlos o influenciarlos. He aquí algunas posturas para sentarse que debe probar:

1. **Semiposición del loto (fig. 1)** sobre un cojín de meditación. La parte superior del cuerpo está recta, el cuello estirado y los hombros relajados. Los pies están alineados uno junto al otro y los talones posicionados delante de los glúteos. Las manos descansan con las palmas sobre los muslos.
2. **Sentarse con las piernas cruzadas (fig. 2)**, utilizando como apoyo para estas un cojín o una manta doblada. Las manos se colocan en la posición de Jnana Mudra.

3. **Posición de la mariposa (fig. 3)** con las plantas de los pies juntas. Las manos agarran los pies o, como alternativa, puede sujetar los dedos gordos de ambos pies con el dedo índice. Estire suavemente la parte superior del cuerpo hasta quedar erguido.

1.

2.

3.

4. **Posición del faraón (fig. 4)** sentado en una silla (de oficina). Postura erguida. Ambos pies están en contacto con el suelo, las manos apoyadas relajadamente sobre los muslos.

5. Postura del diamante (fig. 5) sobre banco de meditación. Asiento elevado en un banquito de meditación. Las manos se colocan en la posición de Dhyana Mudra.

6. Sentarse sobre los talones (fig. 6) con rollo de entrenamiento. En esta variante, el empeine del pie está apoyado sobre un rollo. Las manos descansan relajadamente sobre el regazo.

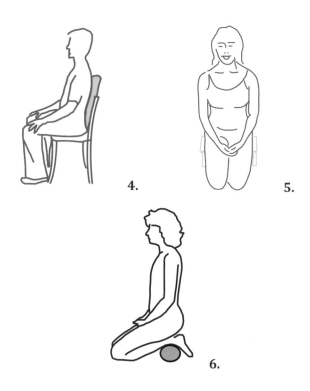

4.

5.

6.

Utilizar los mudras (gestos de las manos) como ancla

A través de ciertas posiciones de los dedos y las manos podemos intensificar la concentración y, desde el punto de vista de las artes curativas orientales, almacenar y dirigir la energía. Con ellas se estimulan de manera selectiva mediante acupresión ciertos puntos de presión, lo cual tiene un efecto armonizador sobre los órganos y estructuras corporales relacionadas.

Algunos mudras como, por ejemplo, la posición de oración de las manos o la apertura de las palmas hacia arriba, tienen un carácter simbólico y son parte de nuestro lenguaje corporal. Al contrario, también podemos utilizarlos para guiar nuestra atención desde el exterior hacia nuestro interior. Los mudras nos ayudan a concentrarnos y a aguzar nuestra recién adquirida conciencia.

Decidir qué posición prefiere es algo que está literalmente en sus manos. No hay inconveniente si quiere variarla de un ejercicio a otro. Igualmente, también puede crear su propio mudra. Procure que se trate de algo sencillo y que le proporcione bienestar. He aquí una pequeña selección para que usted pruebe:

1. **Dhyana Mudra (fig. 7):** Coloque una mano en la otra, de manera que las palmas queden mirando hacia arriba y las puntas de los dedos pulgares se toquen. Mantenga las manos sobre el regazo o delante del bajo vientre.

2. **Jnana Mudra (fig. 8):** Junte los dedos índice y pulgar de cada mano, de tal forma que formen un círculo. Mientras los dorsos de las manos descansan relajadamente sobre los muslos, ambas palmas miran hacia arriba.

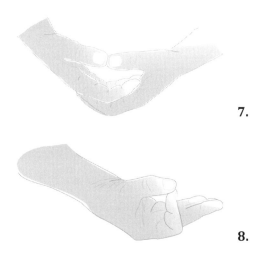

7.

8.

3. **Hakini Mudra (fig. 9):** Junte las yemas de los dedos de ambas manos y al hacerlo ejerza una suave presión. Mantenga las manos sobre el regazo o delante del bajo vientre.

4. **Kshepana Mudra (fig. 10):** Entrelace las manos y estire los dedos índices. Los pulgares pueden estar paralelos o cruzados. Mantenga las manos sobre el regazo o como si fuese a rezar delante del pecho.

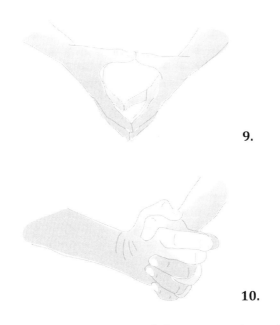

9.

10.

A estas cuatro posiciones de las manos se les atribuye el efecto de mantener la mente centrada y despierta. Ayudan a concentrarse y a meditar de forma más profunda. Sus nombres se han tomado de la antigua lengua de la India (sánscrito). Así se denominan todavía hoy estos gestos en la mayoría de las escuelas de yoga y meditación.

Utilizar el poder de las afirmaciones

Los mantras son fórmulas o sentencias que nos marcan. Con frecuencia, su orientación es decisiva para la calidad de nuestras vidas. Seguramente conoce la sílaba *om* como un mantra de paz interior del yoga o el *aleluya* como un mantra cristiano de alabanza y acción de gracias. Tal vez se le ocurran de forma espontánea algunas frases que le han acompañado durante su infancia, a lo largo de su época de formación o durante una baja por maternidad o paternidad. Algunas le ayudaban y estimulaban, otras, por el contrario, le quitaban la motivación o le servían para expresar su frustración. Piense qué afirmaciones le sirven en la actualidad como apoyo en su vida cotidiana y cuál es el efecto que tienen sobre usted. Depende totalmente de su actitud ante la vida transformarlas en imágenes positivas y utilizarlas cuando sienta que su estrés o sus preocupaciones aumentan. Como forma de entrenamiento mental puede aplicarlas al realizar tareas desagradables o al enfrentarse a gente que no le cae bien. He aquí algunos ejemplos que pueden servirle de guía:

- Tengo ganas de enfrentarme al desafío de hoy.
- Confío en lo que la vida me depare.
- Estoy agradecido por...
- Soy feliz.
- Estoy satisfecho conmigo mismo.
- Tengo éxito en mi profesión.
- Estoy completamente relajado y tranquilo.

Integre sus mantras en su práctica diaria de meditación, como ritual inicial o final. Pronto se dará cuenta de la fuerza que le aportan dichas sentencias formuladas de forma positiva, incluso si aún no cree del todo en su contenido.

Para que su práctica de meditación sea ideal, debe elegir una postura erguida, tener las manos en una posición relajada y, si quiere, adoptar además una máxima que le dé fuerzas y le ayude a prepararse mentalmente de cara a sus proyectos.

30

30 MINUTOS

2. Meditaciones breves para comenzar bien el día

Los ejercicios que aquí se presentan se basan en la meditación clásica oriental. La diferencia radica en su adaptación a la forma de vida occidental. Si bien en las culturas del Extremo Oriente los ejercicios de meditación se practican con el objetivo de desarrollar la conciencia, para el hombre urbano moderno se trata principalmente de una técnica para aumentar la percepción del propio cuerpo y la capacidad de relajarse. Quien se adentra en el tema en profundidad descubre en esta forma de entrenamiento mental nuevas habilidades para la resolución de conflictos que enriquecen la vida en todas sus facetas. En este contexto, la meditación puede ayudarle a superar tanto conflictos personales internos como dificultades en la interacción con otras personas.

2.1 Meditación para el buen humor

Como todo el mundo sabe, la risa es la mejor medicina, y sin duda una herramienta estupenda para reducir el estrés. Saber reírse de uno mismo es algo que no le hace mal a nadie. Muy al contrario: algunas personas nos resultan simpáticas una vez que nos damos cuenta de que saben reírse de sí mismas. Sin embargo, hay días en los que no tenemos ganas de reírnos. Nos sentimos agotados y cansados. Nada sale como esperábamos. Tal vez ni siquiera nos apetece levantarnos de la cama. Entonces deberíamos aprender más sobre la gelotología, la ciencia que estudia los efectos de la risa en el cuerpo: la risa tiene muchos efectos beneficiosos. Por un lado, libera hormonas de la felicidad en el cerebro, reduce y estabiliza la tensión arterial, y, por otro, estimula el sistema inmunológico y, de esta forma, evita enfermedades. Sin olvidar que la risa activa nuestro sistema cardiovascular, reduce potenciales conflictos y cambia la forma de ver las cosas. Nos conduce a una serenidad alegre con la que se vive mucho mejor. Y lo que es aún más fascinante: podemos engañar a nuestro cuerpo, tirando hacia arriba de las comisuras de los labios y dejando salir, al principio, una risa falsa. Nos preparamos para la risa utilizando nuestras habilidades imitativas y poniendo la mente en blanco brevemente. Se sorprenderá de lo rápido que puede surgir una risa real de este ejercicio.

Comenzar el día con una sonrisa de satisfacción

Cada día merece la oportunidad de convertirse en uno de los mejores de su vida. Así que prepárese positivamente para ello:

(1) Su despertador suena; antes de que abra los ojos y mire el día, haga unas cuantas respiraciones tranquilas, estírese en la cama y sonría de forma totalmente consciente.

(2) En lugar de correr como un cohete hacia el baño, túmbese boca arriba cómodamente, deje que los brazos y las piernas se hundan en el colchón todavía caliente y sienta cómo su sonrisa se va extendiendo gradualmente por todo su cuerpo. Como alternativa, también puede sentarse erguido en la cama o en el borde.

(3) Mientras tanto, a través de la nariz haga una respiración abdominal tan profunda como le sea posible, y deje que aumente la agradable sensación de satisfacción interior.

(4) Además puede elegir un mantra que le prepare positivamente para el día. Dígalo en voz alta o repítalo varias veces en sus pensamientos.

(5) Acentúe su sonrisa y sienta cómo gradualmente contagia el bienestar a todas las células de su cuerpo.

(6) Quizás pueda recorrer mentalmente su cuerpo comenzando desde el rostro y llegando hasta los dedos de los pies o imaginarse cómo la risa se

propaga desde su abdomen hacia el exterior, como si fuera una ola, envolviendo todas las áreas del cuerpo.

(7) Si le surgieran otros pensamientos, trate de dejar que pasen de largo como las nubes en el cielo, sin ocuparse más profundamente de ellos.

Consejo: Para realizar este ejercicio con calma, la noche anterior debería poner su despertador unos 10 minutos antes de la hora a la que suele levantarse habitualmente.

☺ ### *Un cóctel de la risa como estimulante*

Si no puede acostumbrarse a la variante que acabamos de presentarle, diríjase al baño tranquilamente y comience su rutina de cada mañana. Por último, póngase frente al espejo y prepárese el siguiente cóctel de la risa como se explica a continuación:

(1) Para ello coja con una mano un gran vaso imaginario y llénelo, haciendo gestos, con los ingredientes de su elección.

(2) A continuación, agite el vaso de derecha a izquierda, como ha visto hacer en las películas o al camarero en la barra del bar.

(3) Usted decide si mientras tanto se mira o no al espejo. También puede hacer ruidos, canturrear o reírse entre dientes por la emoción que siente ante su cóctel.

(4) Ahora eleve el vaso, reclínese un poco y bébaselo saboreándolo o de un solo trago.

(5) Entonces comience a reír e intente crear la sensación de querer abrazar al mundo entero. Quédese con esta idea y riendo durante un minuto o dos.

(6) Repita el ejercicio, cogiendo el vaso con la otra mano.

(7) Si la risa final le parece algo tonta, cierre los ojos, tire conscientemente hacia arriba de la comisura de los labios y deje que la risa recorra su cuerpo.

(8) Después de unos pocos minutos se sentirá renovado y alegre. A ser posible, no se desprenda de esta sensación inmediatamente, sino que trate de llevarla consigo a lo largo del día.

Una risa para llevar

Para que el buen humor le acompañe allá donde vaya, ponga dos o tres porciones de risa en el bolsillo de su traje o su pantalón. Nada más fácil que esto:

(1) Ríase en el interior de las palmas de sus manos y luego métaselas en el bolsillo.

(2) Cuando lo necesite, si quiere recargar las pilas o se ha enfadado con alguien, saque, mediante gestos o mentalmente, uno de sus paquetitos de risa y respire e inspire varias veces dentro mientras sonríe.

(3) Explore la sensación. Se dará cuenta de que tiene un efecto positivo inmediato en su bienestar. El enfado desaparecerá tan rápido como llegó.

Consejo: Si es de risa fácil, debería coger el teléfono más a menudo a lo largo del día y reírse cordialmente cuando mantenga una conversación o incluso si no hay nadie al otro lado de la línea. Los demás les envidiarán a usted y a su interlocutor por su buen humor.

Comience el día con alegría. Una risa alegre funciona como un antidepresivo en todas aquellas personas que suelen estar de mal humor por las mañanas. Con un cóctel de la risa por la mañana, aumenta su carisma y al mismo tiempo utiliza el poder de la alegría para llevar a cabo un cambio en su forma de ver las cosas.

2.2 Meditación dinámica

Si es de esas personas que por lo general se despiertan de buen humor, pero les cuesta un mundo levantarse de la cama y se sienten entumecidas por la mañana, entonces la meditación dinámica es lo ideal para usted. Desperécese, estírese y disfrute con ello. Al hacerlo, escuche los impulsos de su cuerpo y sígalos.

☺ ### Meditación en movimiento
En primer lugar, siéntese en el borde de la cama o elija una posición erguida. Comience girando los hombros hacia atrás, haciendo grandes círculos, mientras respira profundamente por la nariz.

1.ª fase: Después de calentar, adopte una posición estable con las piernas separadas y comience con una respiración involuntaria a través de la nariz, es decir, sin un ritmo específico. Experimente con su respiración: ora inspire profundamente, ora de forma más superficial, ahora más rápido, ahora más lento. Durante unos cinco minutos concentre por completo su atención en su respiración y sienta la energía y la vitalidad que emanan de ella. Deje que su cuerpo siga los impulsos del movimiento balanceándose. Cierre los ojos y libérese de todo el peso de sus pensamientos.

2.ª fase: Ahora dese ligeras palmaditas en el cuerpo de manera sistemática y consciente con las manos. Comience con la mano derecha en el hombro izquierdo, descienda por el brazo y cambie de lado. No se olvide del cuello, el pecho, los glúteos y el abdomen. Para terminar, golpetee los músculos de las piernas. Puede golpetear suavemente o ejerciendo algo más de presión y, por supuesto, también puede ir variando. En las zonas donde la sensación le resulte particularmente agradable, puede quedarse un poco más. Tómese el tiempo que desee.

3.ª fase: De pie o sentado, explore la sensación con los ojos cerrados durante un momento. Disfrute del silencio y observe su cuerpo sin perderse en sus pensamientos. Enfréntese al día llevando consigo de camino este estado.

30 *Esta forma de meditación actúa como un poderoso impulso para comenzar el día, despierta nuestras ganas de vivir y, al mismo tiempo, hace que nos sintamos relajados disfrutando de la serenidad del momento.*

2.3 El saludo al sol

El saludo al sol que presentaremos aquí se diferencia del saludo al sol clásico del hatha yoga en que las sucesivas posturas no son lo más importante en este caso. Por supuesto, no hay inconveniente en que realice el saludo al sol clásico por las mañanas —siempre y cuando lo conozca por las clases de yoga— concentrado en la meditación. Sin embargo, debe conocer bien las posiciones, pues de lo contrario puede ser mayor el daño que el bien que le haga a su cuerpo.

 El saludo al sol matinal
El propósito de esta meditación es aumentar la vitalidad y la energía para el día. Considere este ejercicio como una ducha de energía mental. Aprenderá a dejar que surjan imágenes mentales delante de su tercer ojo espiritual, que le conferirán fuerza y que pueden disipar temores o pensamientos deprimentes.

(1) Para ello escoja una de las posturas para sentarse del capítulo 1.2 o póngase de pie, si es posible delante de una ventana desde donde se vea el sol. Si aún no ha amanecido o está nublado, puede utilizar la energía de la luz de una vela o una velita de té o hacer uso de su propia imaginación.

(2) Respire calmadamente y de manera uniforme.

(3) Con una de las siguientes respiraciones profundas lleve ambos brazos hacia arriba, junto a la cabeza, y con la siguiente exhalación ponga sus manos una sobre la otra en el punto donde se encuentra su corazón.

(4) A continuación cierre los ojos e imagínese el sol como una potente fuente de luz y claridad que le rodea y le da calor.

(5) Imagínese su corazón como una bonita flor de loto cerrada que abre sus pétalos tan pronto como entra en contacto con la luz del exterior.

(6) Respire conscientemente en sus manos y lleve la luz a su corazón. Observe con curiosidad cómo su cuerpo gana energía y vitalidad.

(7) La luz se propaga desde su corazón y revitaliza primero la mitad izquierda de su cuerpo y a continuación la derecha.

(8) Tómese su tiempo y sienta poco a poco todas las partes de su cuerpo.

(9) Por último, la luz se adentra en el plano mental y llega hasta su mente.

(10) Una vez aquí, la luz expulsa el cansancio y elimina sus pensamientos negativos antes de proporcionarle serenidad para todo el día.

(11) Regrese poco a poco a la habitación. Haga algunas respiraciones profundas y tranquilas y con la siguiente exhalación abra de nuevo los ojos.

(12) Lleve consigo esta sensación y esta energía revitalizante de camino al trabajo.

Consejo: Si inicialmente le resulta difícil concentrarse en su corazón como el centro del amor propio y la alegría de vivir, como alternativa, puede elegir el centro de la frente, el llamado *tercer ojo,* entre las cejas y encima de la nariz, como punto de entrada de la luz.

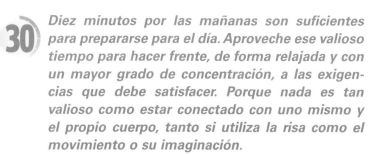

Diez minutos por las mañanas son suficientes para prepararse para el día. Aproveche ese valioso tiempo para hacer frente, de forma relajada y con un mayor grado de concentración, a las exigencias que debe satisfacer. Porque nada es tan valioso como estar conectado con uno mismo y el propio cuerpo, tanto si utiliza la risa como el movimiento o su imaginación.

30 MINUTOS

3. Meditaciones breves para una mayor serenidad en el trabajo

Si con un poco de paciencia después de un tiempo ha desarrollado una buena práctica de la meditación, será capaz de realizar esta técnica casi en cualquier lugar y en cualquier momento. En este sentido, es preferible que se proponga meditar de forma breve, pero a menudo y con alegría, a que lo haga durante intervalos más largos, pero sin ganas y tal vez con mucha menos frecuencia.

Si es de los que disfruta trasnochando y por nada del mundo le gusta comenzar el día antes de lo estrictamente necesario, entonces reserve un momento de su horario de trabajo para una breve meditación. Pero asegúrese de hacerlo antes de empezar con su primera tarea; de lo contrario es probable que no lo haga y que simplemente se pierda en el estrés del día a día.

3.1 La respiración como objeto de meditación

La respiración es nuestro elixir de la vida. A pesar de que, por lo general, no la percibimos de forma consciente, se trata de algo más que una mera función vital. A menudo, afecta a nuestro estado de ánimo y a nuestro bienestar. Y al contrario, nuestro estado de ánimo se refleja en la forma en la que respiramos. De acuerdo con esto, existe una estrecha relación entre la respiración y nuestro estado físico y mental actual. Podemos aprovechar esto y dirigir la respiración de tal forma que se convierta en una fuente de energía y relajación. Aquí le presentamos algunos ejercicios que debe probar:

☺ ***Respiración completa en tres pasos***

Siéntese derecho en la silla de su oficina de forma muy consciente. Tal vez sienta la necesidad de levantarse para estirarse e incluso bostezar enérgicamente o soltar un suspiro relajado y profundo. A continuación, concentre su atención en la respiración de forma consciente. Intente percibirla atentamente y llevarla hasta el interior de su abdomen profundamente. Al hacerlo tenga en cuenta que el momento en que el aire llega a la nariz es tan importante como el momento en que el aire ya respirado sale de su nariz. Observe este proceso de dos a cinco minutos y trate de hacer algunas respiraciones más profundas. Puede tener los ojos siempre cerrados o descansar la vista relajadamente en un punto fijo.

(1) En el siguiente paso intente dirigir su respiración hasta la zona de los hombros. Si así lo desea puede colocar sus manos sobre las clavículas o el pecho. De esta forma a menudo aumenta la percepción del cuerpo. Sienta durante unas cuantas respiraciones cómo al inspirar los hombros se elevan y el esternón se mueve hacia adelante.

(2) Ahora ponga las manos a la derecha y a la izquierda de los arcos costales inferiores y respire otra vez conscientemente. Al inspirar, sentirá cómo los arcos costales se separan unos de otros y vuelven a acercarse al exhalar.

(3) Ahora ponga las manos sobre el abdomen, respire profundamente hasta la zona donde tiene colocadas sus manos y note cómo la pared abdominal se eleva con la inhalación y desciende durante la exhalación. A continuación, tómese un poco de tiempo antes de iniciar el siguiente ejercicio; comenzando con una respiración profunda, trate de alcanzar primero el abdomen, después las costillas y finalmente la zona de los hombros, y entonces exhale larga y relajadamente.

Este sencillo ejercicio puede ser un reto, sobre todo si suele estar sentado mucho tiempo en su escritorio, motivo por el cual su volumen respiratorio está habitualmente limitado. No deje que esto le desanime. Todo se consigue con la práctica. Así que sea perseverante, pero sin llegar a forzarse. Es usted quien decide la duración tanto de este ejercicio como de los otros. Si nota que se marea, haga una breve pausa y reduzca la profundidad de la respiración. Esto se debe, por lo general, al aumento del abastecimiento de oxígeno en el cuerpo por encima del volumen habitual. Volverá a la normalidad tan pronto como regrese a su ritmo de respiración acostumbrado.

Consejo: Siempre que sea posible respire por la nariz. Entre los yoguis se conoce como la *puerta de entrada a la conciencia* y se considera como el vínculo entre el cuerpo y la mente. También desde el punto de vista fisiológico, la respiración nasal aporta beneficios, porque a su paso por nuestras vías respiratorias el aire se purifica, se humedece y se calienta. Si entretanto siente el impulso de respirar por la boca una vez, hágalo y después vuelva a la respiración nasal. Muchas veces es bueno limpiarse la nariz antes de realizar el ejercicio, o si tiene la nariz tapada, utilizar algún remedio que le quite la congestión haciendo que sus mucosas se deshinchen.

☺ *Contar las respiraciones*

Este ejercicio le ayudará a apartar sus pensamientos durante un tiempo al dirigir su atención a la respiración y a la cuenta o la nota mental, esto es, a la imagen que usted se forma en sus pensamientos, y finalmente a la «inspiración» y a la «exhalación».

Hágalo de la siguiente manera: inspire y piense en la palabra *dentro* (de esta forma sus pensamientos no se desviarán y no podrá pensar en ninguna otra cosa);

exhale y piense en la palabra *fuera.* Tenga en cuenta que en estos ejercicios no se trata de alcanzar un determinado objetivo, no hay una forma «correcta» o «incorrecta»: la meta es el camino.

Funciona de la siguiente manera:

(1) Siéntese o póngase de pie con la espalda recta.

(2) Perciba atentamente cómo su respiración viene y va, sin que usted tenga que intervenir en absoluto.

(3) Deje simplemente que su respiración fluya, sin tratar de cambiarla.

(4) Después de un tiempo comience a contar: uno, inspire; dos, expire; tres, inspire, etc., hasta diez. Después empiece otra vez desde el principio.

(5) Como alternativa, al inspirar puede decir internamente o en voz alta «dentro» y al exhalar decir «fuera». Pruebe las dos opciones y escoja aquella con la que se sienta mejor.

(6) En algún momento se dará cuenta de que sus pensamientos se han ido a otra parte. Tal vez se ponga a repasar la lista de la compra o le venga a la cabeza una conversación importante con su jefe.

(7) Tan pronto como note que su mente comienza a divagar, sea consciente de ello y vuelva a concentrarse en la respiración. No se preocupe, es muy normal que esto suceda.

Consejo: Permítase una breve pausa entre su última tarea y el comienzo de la meditación. Póngase una hora fija para este ejercicio asegurándose de que nadie le interrumpirá durante los próximos cinco o diez minutos.

☺ *Percibir las pausas respiratorias*

Una variación del ejercicio anterior le hará en primer lugar volver a centrarse en la respiración.

(1) Mientras respira con calma y de manera uniforme, note una breve pausa después de la inspiración, es decir, la entrada del aire.

(2) Hay una pausa similar también después de exhalar, es decir, cuando el aire vuelve a salir.

(3) Tenga cuidado de no manipularla o de contener antes la respiración para esperar la pausa correspondiente. En lugar de eso, adopte el papel de observador.

(4) Mientras deja salir el aire, escoja la palabra o imagen que usted prefiera, para que le acompañe durante los próximos cinco minutos de meditación.

(5) Cada vez que tenga lugar una pausa, concéntrese de nuevo en esa imagen. Mantenga su curiosidad, pero a la vez sea paciente.

(6) Para terminar la meditación, durante la próxima exhalación imagínese el número tres; en la siguiente, el número dos y, por último, el uno.

(7) En caso de que haya cerrado los ojos, ábralos de nuevo y vuelva así a la habitación en la que se encuentra.

Consejo: Es aconsejable meditar con los ojos cerrados. Con ello bloquea estímulos externos y puede dirigir los sentidos mucho mejor hacia su interior.

Percibir conscientemente la propia respiración es el primer paso en la dirección correcta. Aprenda a considerar la respiración como un barómetro del estrés que le permite observar aquellas cosas que están dentro de lo que le resulta soportable y aquellas que no.

3.2 Focalizarse en la acción de comer a la hora de meditar

Un estilo de vida saludable incluye, junto con la práctica regular de ejercicio y relajación, una dieta equilibrada. En la práctica esto significa que los productos preferiblemente frescos, orgánicos y de calidad deben predominar en nuestra dieta. Estos nos ayudan a minimizar el riesgo de muchas enfermedades propias de la civilización moderna. Sin embargo, la forma en que tomamos la comida también es crucial para nosotros. Un trato más cuidadoso con uno mismo también implica comer de forma consciente y disfrutando. En lugar de atiborrarse sin pensar, debe aprender, en caso de que no lo haga ya, a percibir y disfrutar el sabor de los alimentos que toma. Pronto se dará cuenta de lo que realmente le sienta bien, de cuándo tiene hambre realmente y en qué situaciones tiende a comer de forma incontrolada. Esto tendrá un efecto secundario positivo: conseguirá reducir su peso y mantenerlo.

☺ *Comer de forma consciente*

Mediante este ejercicio reconocemos más claramente qué sentimientos están involucrados en el tema de la comida y, por lo tanto, podemos reaccionar de forma adecuada. ¡Pruébelo!

(1) Ponga su almuerzo (por ejemplo, una manzana, una chocolatina o un sándwich) delante de usted en la mesa. Para practicar también sirven unas cuantas pasas.

(2) Haga algunas respiraciones conscientes y profundas.

(3) Dirija la vista hacia su pequeño tentempié y obsérvelo con curiosidad. Utilice para ello todos sus sentidos. ¿Tiene aspecto apetitoso? ¿Cómo huele? ¿Qué siente cuando lo coge con la mano? ¿Hace ruido cuando lo parte en trozos? ¿Qué efecto tiene sobre su cuerpo? ¿Siente ganas de hincarle el diente? ¿Aumenta su salivación o más bien le produce rechazo?

(4) Dé un pequeño bocado y centre su atención en el sabor y en las asociaciones que le surgen espontáneamente.

(5) Ahora comience a masticar a cámara lenta y sienta el sabor intensamente, el aroma, y observe la respuesta que tiene su cuerpo. Tómese tiempo suficiente para cada bocado, de forma que también pueda disfrutar del sabor que le deja. Para hacerlo, reclínese en su silla y cierre los ojos.

(6) Quizás en esta ocasión descubra una cualidad diferente en su almuerzo, una que nunca había percibido. Es posible que de repente le sepa mejor o, tal vez, no tan bien como de costumbre. O que deje de sentir hambre e interrumpa el ejercicio. En este caso, vuelva a dedicar un tiempo a la meditación en la siguiente pausa.

Por la mañana, puede elegir aquello que despierte su apetito en ese momento, sin recurrir de forma automática a lo habitual. Y en caso de que no pueda comer en su lugar de trabajo, entonces utilice la hora del almuerzo para salir de la oficina por lo menos durante media hora.

Consejo: Este ejercicio también funciona magníficamente con una taza de té o café. Para ello, observe primero la taza, a continuación su contenido, revuelva el azúcar disfrutándolo y añádale al té una rodaja de limón o un chorrito de nata al café. Respire su aroma con entusiasmo y sienta en sus manos el calor que emana de la taza. Aprecie, sorbo tras sorbo, el sabor y la esencia.

Diez reglas que en el futuro le ayudarán a comer de forma consciente

1. Coma cuando tenga hambre, y no con el objetivo de reprimir pensamientos desagradables o sentimientos como el estrés o la angustia.
2. Antes de coger los cubiertos o de llevarse el primer bocado a la boca, observe su comida con curiosidad e interés.
3. Mastique conscientemente y tómese para ello tiempo suficiente.
4. Utilice tantos sentidos como sea posible para descubrir el sabor de la comida.
5. Dedique un tiempo exclusivamente a comer, no lo haga mientras esté ocupado haciendo otras cosas como, por ejemplo, leyendo o trabajando en el ordenador.
6. Deje de comer tan pronto como se sienta agradablemente saciado. Su cuerpo requiere para esto, por lo general, unos 20 minutos.
7. Permítase comer un tentempié cuando sienta que vuelve a tener hambre. De esta manera evitará sufrir ataques de hambre que no pueda controlar.
8. Mientras hace la compra preste atención a los productos de gran calidad y a la variedad en su dieta.
9. Si es posible cocine usted mismo con más frecuencia y tenga en cuenta que una comida servida de forma apetitosa proporciona más placer que algo que comemos rápidamente por ahí.
10. No se prohíba nada, racione en su justa medida los alimentos menos saludables.

Haga como los gourmets: *coma con placer y alegría celebrando cada bocado. Y si es capaz de hacer de ello un ejercicio de meditación, la comida beneficiará doblemente su salud.*

3.3 Meditar de pie y caminando

Si es una de esas personas que pasan la mayor parte de su jornada laboral sentadas en su escritorio delante de la pantalla, sin hacer siquiera una pausa, le sugerimos que todos los días se tome unos breves descansos para cambiar de posición y meditar mientras esté de pie o caminando. También en esta ocasión dependerá de su situación profesional si puede llevar a cabo este ejercicio in situ, de camino al trabajo, en la parada del autobús o en la bien merecida pausa a mediodía.

Convierta sus piernas en raíces

A lo largo de nuestra vida, nuestros pies nos llevan alrededor de la Tierra tres veces. Por ello merecen un poco de atención.

(1) Levántese y acérquese a la ventana para poder descansar de la postura de trabajo durante unos minutos. Colóquese derecho con las piernas separadas y dirija su atención a sus pies. Estire los dedos de los pies y procure apoyar la mayor superficie posible de la planta de los pies sobre el suelo.

(2) Traslade su peso corporal varias veces conscientemente hacia adelante y hacia atrás.

(3) A continuación, deténgase en el centro, de modo que tanto la parte delantera como la trasera del pie estén igualmente cargadas.

(4) Entonces, traslade el peso suavemente de derecha a izquierda y viceversa. Una vez más, termine estabilizándose en el centro.

(5) Sienta conscientemente las plantas de sus pies, el dedo gordo, el dedo meñique y el resto de los dedos en medio de estos dos.

(6) Recorra mentalmente varias veces la parte interior y exterior de sus pies.

(7) Explore mentalmente sus pies y al hacerlo disfrute del seguro apoyo que le proporciona su base.

(8) Imagínese echando raíces en el suelo como si fuera un árbol. Esto le aportará más fuerza y estabilidad. Ya nada puede alterar su equilibrio tan rápido como antes.

(9) Con cada inhalación se fortalece más y más, y con cada exhalación se forman nuevas raíces bajo sus pies.

(10) Disfrute de este estado...

(11) Termine este ejercicio con unas cuantas respiraciones profundas, relaje su cuerpo agitándolo suavemente y, renovado, continúe con sus tareas.

Consejo: Sin zapatos podrá percibir el suelo bajo sus pies mucho mejor. Decida usted mismo si existe la posibilidad de hacerlo.

La meditación caminando se practica mejor descalzo en el parque. Otra opción es dar un paseo alrededor de la manzana o de su escritorio. Pues podemos meditar no solamente en el silencio de nuestros hogares, sino también en medio de una ciudad ruidosa, aunque esta práctica sea mucho más difícil, especialmente para los principiantes. Así que, básicamente, tiene dos opciones: o dirige su atención hacia el interior dejando de lado por unos momentos el medio que le rodea y centrándose, por ejemplo, en su respiración, o bien dirige su antena hacia el exterior percibiendo muy conscientemente todo lo que pasa a su alrededor, los sonidos, los olores y los colores de su entorno. Este tipo de meditación también puede ser una experiencia agradable y relajante. Por lo general, decidirse por alguna de las dos variantes dependerá de su estado de ánimo actual.

Sentir la hierba bajo los pies

Antes de comenzar la meditación, colóquese con la espalda recta, haga unas cuantas respiraciones conscientes, estire el tronco y relaje los hombros.

(1) Traslade lentamente su peso a una pierna.

(2) Levante del suelo a cámara lenta el pie libre de carga comenzando por el talón. Al hacerlo, sienta el interior de la pierna de apoyo sobre la que ahora descansa todo el peso del cuerpo.

(3) Lleve la pierna libre hacia adelante y vuelva a apoyar el pie empezando lenta y conscientemente desde el talón, pasando por la parte central, hasta la punta del pie.

(4) Traslade el peso del cuerpo a la pierna delantera.

(5) Repita el proceso con el otro lado con la misma atención.

(6) Si practica sobre el césped o la hierba, sienta conscientemente el contacto de la piel con las briznas de hierba, la blandura del suelo y el agradable cosquilleo.

(7) Tómese el tiempo necesario, respire de manera tranquila y uniforme y ejercítese en dejar que los pensamientos pasen como una película sin querer detenerla.

(8) Continúe con la meditación y el paseo tanto tiempo como desee.

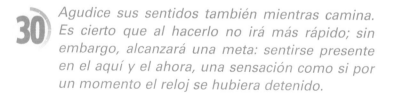

Agudice sus sentidos también mientras camina. Es cierto que al hacerlo no irá más rápido; sin embargo, alcanzará una meta: sentirse presente en el aquí y el ahora, una sensación como si por un momento el reloj se hubiera detenido.

3.4 Saludo de hombros

¿Está buscando un ejercicio que evite la tensión en la zona del cuello, los hombros y los brazos y le devuelva algo de agilidad? Entonces, el saludo de hombros es lo ideal para usted. Para darle al ejercicio un carácter meditativo pase a un primer plano la respiración y realice los pasos de forma muy consciente y poniendo interés.

El saludo de hombros en cinco pasos

A todos nos resulta algo familiar: el cuello dolorido, tensión en la musculatura de los hombros. ¡No dude en probar ahora mismo este ejercicio!

(1) Gire los hombros haciendo círculos: Con la inspiración levante los hombros hacia las orejas y después llévelos hacia atrás. Con la siguiente exhalación, baje los hombros y llévelos hacia adelante, etc. Preste atención a la musculatura involucrada. ¿Nota un tirón, una sensación de pesadez en los hombros o una diferencia entre el lado derecho y el izquierdo? Después de un breve lapso de tiempo, los trompicones iniciales de la musculatura darán paso a un movimiento fluido.

(2) Estire el cuello: Con la siguiente inspiración estire la columna vertebral, lleve los hombros ligeramente hacia atrás y el esternón hacia adelante. Ahora, a la vez que exhala, incline la cabeza con la oreja derecha hacia el hombro derecho y sienta

cómo se estira el lado opuesto. Si gira el brazo izquierdo un poco con el pulgar hacia afuera y tira suavemente para abajo, sentirá cómo el estiramiento se hace más intenso. Repita el ejercicio hacia el lado izquierdo.

(3) Extienda los brazos: Ahora levante ambos brazos a la altura del hombro y estírese a la vez que inspira. Si quiere también puede separar los dedos y estirar el dorso de la mano. Dirija la mirada hacia adelante. Además, los pectorales y los músculos de la mano y los dedos se estiran y la parte media de la columna vertebral, que en posición sentada tiende a estar redondeada, se endereza. Así puede tomar aire libre y profundamente. Con la siguiente exhalación cruce los brazos abrazándose a sí mismo. Baje la barbilla hacia el esternón y, si quiere, puede redondear un poco la espalda.

(4) Estirar los costados: Vuelva a ponerse derecho y relaje los brazos. A la vez que coge aire lleve el brazo izquierdo hacia arriba, como si quisiera agarrar algo que está en diagonal sobre su cabeza. Sienta cómo se estira su costado izquierdo, y al hacerlo intensifique la exhalación. Trate de mantener esta postura durante unas cuantas respiraciones. Entonces baje el brazo y cambie de lado.

(5) Relajar los ojos: Ahora frótese las palmas de las manos para calentarlas. A continuación, coloque la palma de su mano suavemente sobre sus ojos cerrados, baje relajadamente la cabeza y apoye las yemas de los dedos sobre su cuero cabelludo por encima de la frente. Explore la sensación que le produce el ejercicio...

Consejo: Si le resulta complicado coordinar los movimientos con la inspiración o exhalación correspondiente, deje simplemente que la respiración fluya. Después de un rato respirará correctamente de forma intuitiva.

La duración media de una pausa para fumar es de entre siete y diez minutos. Si en su lugar de trabajo invierte en la práctica de la meditación tanto tiempo como un fumador en tres cigarrillos, entonces ese día ya habrá hecho mucho por su salud. ¡Pruébelo! Utilice para ello:

- *su respiración;*
- *la próxima comida;*
- *sus pies como antenas;*
- *el saludo de hombros para reducir la tensión.*

30 MINUTOS

4. Meditaciones breves para una noche relajante

El día ha sido largo y está agotado, tal vez también cansado y satisfecho con su día de trabajo. O está lleno de energía y ganas de hacer cosas, dispuesto a disfrutar del mejor momento del día. La opción es suya: puede prepararse mediante una meditación para la noche o esperar un poco y terminar la noche con una meditación. Elija lo que elija, tómese tiempo para buscar el contacto consigo mismo. A continuación le presentamos tres formas de meditación que difícilmente podrían ser más diferentes a la hora de ponerlas en práctica. Esta selección se ha hecho así deliberadamente para que cada lector pueda encontrar aquello que mejor se ajuste a sus necesidades. Déjese inspirar y decida intuitivamente en cuál se siente reflejado.

4.1 Escáner corporal basado en la atención

El método REBAP (Reducción del Estrés Basada en la Atención Plena), desarrollado por el Dr. Jon Kabat-Zinn, biólogo molecular, se basa en la práctica de un concepto ampliamente probado que ayuda a reducir el estrés y la ansiedad, y nos muestra un camino para llevar una vida más tranquila y relajada. El tema de la «atención plena» tiene su origen en sus conocimientos de medicina conductual y sus propias experiencias con el yoga y la meditación. Su método, el «escáner corporal», es un puente entre ejercicios de meditación que se han practicado durante milenios con el fin de entrenar la conciencia y una medicina holística contemporánea. Hoy en día el REBAP está considerado un método consolidado que se aplica en todo el mundo y forma parte de muchos tratamientos.

☺ ***Así escanea su cuerpo***
Descubra por sí mismo cómo con poco esfuerzo puede conseguir un gran cambio.

(1) Túmbese relajadamente sobre una colchoneta, una manta en el suelo o en la cama. Coloque los brazos a una distancia del tronco que le resulte cómoda y las piernas separadas a la anchura de las caderas. Si es necesario póngase un cojín bajo la cabeza. También una manta enrollada

debajo de las corvas de las rodillas puede ser de gran ayuda para muchas personas que habitualmente sufren molestias en la región lumbar.

Póngase lo más cómodo posible en posición tumbada, inspire profundamente y cierre los ojos mientras exhala lentamente.

(2) Perciba conscientemente la superficie sobre la que descansa su cuerpo, respire profundamente y de manera uniforme y sienta cómo con cada respiración se va relajando más y más.

(3) Permítase tener cualquier estado de ánimo, sin juzgarlo o querer reprimirlo. En lugar de eso, dirija su atención a las oleadas de respiración que fluyen a través de su cuerpo, y sienta que está completamente presente en el aquí y el ahora.

(4) Después de un rato, deje que la respiración fluya completamente sola y dirija su atención a su pie izquierdo. Para empezar, percíbalo muy atentamente en su conjunto, sus contornos, la presión del talón sobre la superficie en la que descansa. Tal vez perciba ciertas señales o sensaciones, podría tratarse, por ejemplo, de una sensación de calor, frío o de un hormigueo...

(5) A continuación, dedíquese específicamente a los dedos del pie: el dedo gordo, el dedo meñique, y el resto de los dedos entre estos dos. Quizás consiga sentir los espacios entre los dedos.

(6) Continúe analizando mentalmente toda la planta del pie, el empeine, también el tobillo, y vaya llevando lentamente su atención hacia la pantorrilla.

(7) Sienta la pantorrilla y la presión de los músculos sobre la base en la que están apoyados, así como los puntos de contacto de la ropa sobre la piel.

(8) A continuación, dirija su atención a la parte delantera de la pierna, es decir, la opuesta a la pantorrilla, y siéntala también.

(9) Tómese tiempo suficiente y no se apresure a la hora de pasar de una parte del cuerpo a la siguiente. Le resultará más fácil percibir ciertas partes del cuerpo, mientras que otras le serán más difíciles. Como todo, esto también es una cuestión de práctica.

(10) Continúe hacia a la rodilla, sienta la cavidad debajo de la corva. Entonces adéntrese en la articulación y en la rótula.

(11) Desplácese hasta el muslo, primero sienta la parte posterior y, a continuación, la delantera. Mientras hace esto, deje los músculos completamente relajados.

(12) Ahora dirija su atención al pie derecho y repita el mismo proceso a lo largo de la pierna derecha...

(13) Una vez que llegue hasta los glúteos, explore ambos mentalmente, haga lo mismo con la pelvis, el suelo pélvico, ambas ingles, el espacio entre ellas y, finalmente, el abdomen y los órganos internos. Perciba una vez más cómo el abdomen se eleva con la inspiración y vuelve a descender con la exhalación.

(14) Cualquier cosa que sienta o deje de sentir es bien recibida. Lo que de verdad importa es que durante el ejercicio mantenga una actitud curiosa y receptiva.

(15) Traslade luego su percepción a los arcos costales, a la zona del corazón, el pecho y a la parte delantera de los hombros. Si entonces sintiera una sensación desagradable, por ejemplo, de tensión o incluso de dolor, intente dirigir la respiración incrementándola hacia esa zona del cuerpo. A menudo, las molestias desaparecen poco tiempo después por sí solas.

(16) A continuación, conduzca su percepción a la mano izquierda. Explórela atentamente, desde las yemas de los dedos, pasando por cada uno de los dedos en toda su longitud, los espacios entre ellos, la palma y el dorso de la mano.

(17) Siga hacia la muñeca, el antebrazo, y su superficie de apoyo sobre la base en la que se encuentre, el codo y el brazo.

(18) Sienta el hombro izquierdo y también la nuca. Por último, cambie de lado.

(19) Repita el procedimiento tranquila y atentamente con el brazo derecho...

(20) Desde el hombro derecho, explore la zona del cuello, los puntos de presión de los omóplatos y el espacio entre ambos en la parte central de la columna vertebral.

(21) Por último, dedíquese a la región lumbar. Si le apetece, recorra mentalmente cada vértebra una

a una o ascienda o descienda por ellas como si se tratase de una escalera. Utilice la imagen con la que le resulte más fácil hacerlo.

(22) Vuelva hacia arriba y sienta la presión de la cabeza sobre el lugar donde la tenga apoyada. Vaya desde la parte posterior de la cabeza, pasando por todo el cuero cabelludo, hasta el nacimiento del cabello encima de la frente.

(23) Desde aquí, dirija su atención a la zona de la frente, las cejas, el vértice superior de la nariz, los ojos y los párpados. Mientras tanto deje que ambos globos oculares se hundan relajada y pesadamente en las cuencas de los ojos.

(24) Palpe mentalmente su nariz, las mejillas y las sienes. Relaje la mandíbula y el área alrededor de la boca, los labios y la barbilla. Deje que la lengua descanse relajadamente en la mandíbula inferior y separe ambas filas de dientes ligeramente.

(25) Por último, explore sus orejas y oídos internamente como si quisiera mirar dentro, así como también exteriormente la zona de atrás.

(26) Si así lo desea, regálese una suave sonrisa, inspire y expire profundamente unas dos o tres veces y, con la siguiente exhalación, vuelva a abrir los ojos.

(27) Tómese el tiempo suficiente para completar el ejercicio, levantarse lentamente y dirigir su atención otra vez hacia el exterior y el medio que le rodea.

Consejo: Si le parece útil, puede dejar que su atención vaya recorriendo su cuerpo bajo la forma de un punto de luz, como si cada parte de su cuerpo saliera al escenario de su conciencia y durante unos momentos fuera el centro de atención.

En caso de que no disponga de más de 10 minutos para este ejercicio o de que durante su realización se sienta interiormente inquieto y tenga la necesidad de mover repetidamente las manos o los pies, haga el ejercicio más breve. Analice el cuerpo por regiones: brazos, piernas, pelvis, tórax, cabeza… Una vez más, es usted quien decide hasta dónde quiere llegar con este ejercicio. La experiencia nos ha demostrado que se trata de un ejercicio que se realiza preferentemente con gran detalle, pero, como siempre sucede en la vida, lo que para la mayoría es de una forma no tiene por qué ser igual para cada caso particular.

Si tuviera la posibilidad, lleve a cabo este escáner corporal mientras otra persona le va dando las instrucciones pertinentes. Deje que su pareja le lea lentamente el texto que acabamos de presentarle haciendo pausas entremedias. Puede poner una música suave de fondo que le ayude a relajarse aún más.

Con el escáner corporal va palpando su cuerpo mentalmente y de forma sistemática. De esta forma aprende a descubrir cada parte de su cuerpo y a ser más consciente de él. Este tour es como un safari a través de uno mismo, algo muy emocionante y no comparable con ninguna otra experiencia.

4.2 Una caminata de yoga para un corazón sano

Seguramente le resulta familiar el concepto del *walking,* bien sea porque usted mismo se calza regularmente las zapatillas de deporte y tal vez incluso echa mano de los bastones de *nordic walking* para hacer algo bueno por su cuerpo, o porque suele burlarse de quienes practican este deporte. Bueno, a partir de ahora está usted en el mismo barco. Antes de que cambie de opinión y siga pasando páginas, siéntese, relájese y déjese convencer por los efectos positivos de las caminatas de yoga en su organismo: caminar es un entrenamiento suave de todo el cuerpo en el que se fortalece el sistema cardiovascular. Resulta ideal para las personas que diariamente pasan mucho tiempo sentadas en su trabajo y que quieren evitar el sedentarismo, así como las enfermedades asociadas a este, las llamadas *enfermedades de la civilización moderna* como, por ejemplo, la hipertensión, la obesidad y la diabetes *mellitus.* Cuando se trata de gimnasia mental el movimiento es lo más importante, ya que estimula el flujo de sangre al cerebro, lo que fomenta la formación de nuevas células cerebrales. Al salir del trabajo, no hay nada mejor para comenzar bien recuperado la última parte de su jornada que combinar su entrenamiento de resistencia con un ejercicio de meditación. ¡Póngase entonces a ello!

Medidas preparatorias

Si simplificamos el término *walking,* nos encontrare-
mos que no significa otra cosa que caminar a buen paso
moviendo los brazos. Esto puede hacerlo prácticamente
cualquier persona, también usted. Desde el punto de vista
de la fisioterapia, se recomienda el uso de unas buenas
zapatillas deportivas para correr; no obstante, usted decidirá si compra unas o no. Del mismo modo, le beneficiará el uso de ropa cómoda, de materiales transpirables y
adecuada a las condiciones climatológicas de cada
momento. Pues una vez que le haya cogido el gusto y
compruebe lo bien que se siente en la naturaleza, entonces ni el mal tiempo podrá impedir que realice su caminata de yoga. Una inversión que también vale la pena es
comprar un pulsómetro que le muestre exactamente a
qué nivel de intensidad está entrenando. Para ser capaz
de concentrarse tranquilamente en la respiración y el
movimiento, el ritmo cardiaco (pulso) debe estar entre
el 60 y el 75 % del valor máximo. Este puede determi-
narse a través de una prueba de esfuerzo hecha por su
médico de cabecera; muchos pulsómetros pueden calcu-
lar también este valor de forma automática después de
introducir algunos parámetros. O puede utilizar la siguiente regla para determinarlo de manera aproximada:

220 – la edad en años = frecuencia cardiaca máxima

Anímese a utilizar los servicios de prevención y dejar
que su médico examine regularmente su corazón.

☺ ***Caminata de yoga con los sentidos dirigidos hacia nuestro interior***

Los preparativos ya se han hecho, así que podemos empezar.

(1) Si hasta el día de hoy todavía no está familiarizado con la técnica del *walking,* comience caminando con mucha determinación, apoye los talones y baje poco a poco el resto de la planta del pie conscientemente.

(2) El tronco ha de estar bien estirado, los hombros relajados y los brazos aproximadamente en ángulo recto. Los puños cerrados pero no apretados, sin esfuerzo.

(3) Los brazos se balancean de forma contraria al movimiento de las piernas, es decir, cuando lleva el pie derecho hacia adelante, el brazo izquierdo se mueve también hacia delante y viceversa.

(4) Mientras camina respire atentamente a través de la nariz y, si puede, trate de crear un sonido agradable al expulsar el aire a través del estrecho conducto de la garganta. De esta forma, la respiración resulta audible para usted, como Darth Vader, de la saga cinematográfica de *La Guerra de las Galaxias.* Esta forma de respiración, también llamada *respiración victoriosa,* es una técnica de respiración de yoga que tiene un efecto calmante sobre el sistema nervioso y puede utilizarse como un foco de concentración mientras llevamos a cabo nuestra caminata.

Por supuesto, solo si su puesta en práctica no le supone ninguna dificultad.

(5) Otra forma de centrarse en su cuerpo y de detener conscientemente la vorágine de sus pensamientos consiste en juntar repetidamente las yemas de los dedos. Dirija con cada respiración los dedos de las manos derecha e izquierda, uno después de otro, hacia el pulgar. Comience con el dedo índice y una vez que haya llegado al dedo meñique, empiece de nuevo con la siguiente respiración.

Este sencillo ejercicio con los dedos puede serle de gran ayuda a la hora de liberar la mente y llevar la concentración hacia su interior. Así, camine a buen paso y concéntrese, dirija la mirada hacia abajo ligeramente para hacer saber al mundo exterior que desea que le dejen tranquilo. Si tiene la oportunidad de escoger un lugar, lo mejor es que se decida por un parque o un tramo de un bosque. En estos sitios se puede desconectar especialmente bien y rara vez se cruza uno con alguien a quien tenga que pararse a saludar por educación o que haya salido a charlar. Para comenzar es recomendable que vaya integrando la meditación de forma gradual en la caminata, es decir, a intervalos de tres a cinco minutos y a continuación una pausa cuya duración decidirá usted.

Consejo: Para tener algo en lo que concentrar su atención, puede utilizar también «una canción pegadiza» que haya escuchado en la radio de camino a casa, o su actual canción favorita. Mientras camina puede apetecerle ir tarareándola.

😊 ***Caminata de yoga con los sentidos dirigidos hacia el exterior***

No hay ninguna razón para que no dirija su atención hacia el exterior.

(1) En este caso, camine de forma consciente mientras dirige una mirada despierta al mundo exterior.

(2) Al hacerlo intente percibir del medio que le rodea tanto como le sea posible. Preste atención a los detalles. Utilice para ello, sobre todo, tres de sus cinco sentidos: la vista, el oído y el olfato.

(3) Al mismo tiempo, puede regalar una sonrisa a aquellas personas que se crucen en su camino. Le sorprenderá comprobar que muchas de ellas se la devolverán. Antes de comenzar, piense en una ruta lo más bonita posible por la naturaleza, aunque esto le suponga tener que caminar algo más. Absorba con curiosidad las imágenes, los sonidos y los olores a su alrededor y disfrute de formar parte de este mundo. Utilice una afirmación para reflexionar sobre las cosas buenas y agradables que tiene en su vida.

Consejo: Si está familiarizado con la técnica del *nordic walking,* puede utilizar también los bastones para meditar. No es el ritmo al que avanza el que determina su disposición mental, sino el grado de consciencia con el que percibe los estímulos internos o externos mientras desconecta del estrés y las preocupaciones.

Siéntase libre de probar diferentes posibilidades y mantenga una actitud flexible, pues así lo serán también su cuerpo y su mente.

Tan solo 30 minutos de ejercicio moderado diario tienen un efecto positivo sobre el sistema cardiovascular y reducen significativamente el riesgo de un ataque al corazón. Combinado con la meditación, el deporte supone un gran beneficio para nuestra mente inquieta.

4.3 El saludo a la luna

Si no le apetece hacer una caminata, ni tumbarse en una colchoneta para llevar a cabo un escáner corporal, existe todavía otra alternativa, especialmente si usted es de los que les gustan las cosas breves, pero efectivas.

Terminar el día relajadamente

El saludo a la luna tiene un efecto relajante y de armonía y nos ofrece un contrapunto al saludo al sol. Tampoco en esta ocasión la secuencia de posturas ocupa el primer plano, como es habitual en la práctica del hatha yoga, sino que se trata de cuatro secciones de ejercicios consecutivos con una duración total de 10 a 15 minutos.

1.ª fase: Simulación de boxeo, un máximo de cinco minutos

Puede hacerlo utilizando mucha energía o cómodamente y realizando los movimientos de brazos y piernas a cámara lenta. Ambas variantes tienen sus ventajas y depende completamente de su forma de ser y de su estado de ánimo. ¡Libere su mente!

2.ª fase: Postura de yoga del león **(fig. 11)**, cinco repeticiones

Póngase de pie con las piernas separadas y los pies paralelos entre sí. Con la próxima inspiración, lleve ambos brazos desde los costados hacia arriba. Al exhalar, flexione los brazos y las piernas cómodamente, coloque los dedos de ambas manos en forma de garras y la boca bien abierta. Mientras estira la lengua hacia abajo y dirige la vista hacia arriba, ruja como un león.

Incluso si al leer estas líneas por primera vez le entran algunas dudas al respecto, sepa que este ejercicio libera la tensión emocional y, después de un día en el *ring* de boxeo (su jornada de trabajo), le ayuda a volver a relajarse.

11.

3.ª fase: Caricias, cinco veces por cada lado

Deslice la mano derecha por el brazo izquierdo, desde el hombro hasta la punta de los dedos. Después, cambie de lado y haga lo mismo otras cinco veces seguidas. Ahora repita el mismo proceso pero en las piernas, solo que en esta ocasión ambas manos trabajan a la vez. Al hacerlo, ejerza una presión que le resulte agradable. A continuación, vuelva a erguirse y dedíquese a su rostro, deslizando el dedo corazón de la mano derecha, desde el exterior del vértice superior de la nariz a lo largo de toda la longitud de la ceja derecha. Cambie al lado izquierdo y repita el proceso de nuevo otras cinco veces. Proceda del mismo modo con el cuello: acarícielo abarcando la mayor superficie posible desde el centro hacia fuera, primero a la derecha y luego a la izquierda. Por último, coloque ambas manos en la parte baja de la espalda. Con las puntas de los dedos señalando hacia el suelo, acaricie ahora con las dos palmas de las manos al mismo tiempo la zona lumbar cinco veces.

4.ª fase: Análisis de sensaciones, de tres a cinco minutos. Tómese unos minutos, de pie o sentado, para explorar el efecto que esto ha tenido sobre su cuerpo y su mente. No preste atención al reloj, más bien tenga en cuenta su instinto. Cuando esté listo, detenga el ejercicio y deje que la tarde-noche llegue a su fin poco a poco.

Consejo: La postura de yoga del león es una buena manera de aliviar la tensión y la agresividad reprimida y puede realizarla usted solo o como un ejercicio de pareja, con sus amigos o con sus compañeros de oficina. A un volumen fuerte o suave, puede convertirse en un verdadero grito de guerra dentro su oficina, especialmente si es seguido por algunas carcajadas.

Aprecie todo lo que le aporta su cuerpo desde el punto de vista físico, pero sin dejar de lado el espíritu. Con un poco de práctica conseguirá encontrar un equilibrio y, a partir de este, podrá desarrollar su bienestar personal. Mediante cualquiera de estas tres formas de meditación: el ejercicio del escáner corporal, la caminata de yoga o el saludo a la luna, nuestra mente podrá participar de la relajación que con ellas experimenta nuestro cuerpo.

30 MINUTOS

5. Lo que también debe saber

Dar vueltas a las cosas constantemente, las tensiones y los problemas cotidianos afectan a nuestro estado de ánimo y a nuestras emociones de manera negativa. La práctica de la meditación es un estupendo remedio para contrarrestar esto. Es una especie de higiene mental, que, después de un tiempo de practicarla regularmente, le permitirá tener una visión neutral de las situaciones, algo que antes no le resultaba posible. Pues nuestros pensamientos raramente están libres de juicios de valor. Normalmente interpretamos aquello que entendemos como realidad en función de nuestras experiencias y opiniones previas, que hemos adquirido en el transcurso de nuestra vida. Gracias a una nueva objetividad recién adquirida y al aprecio por nosotros y por los demás, nos reorientamos y obtenemos mayor autonomía. Pero seguimos tomando las decisiones, como siempre, de forma independiente. Es como si apagásemos el piloto automático conscientemente para establecer de nuevo la dirección de la marcha y, al hacerlo, redujésemos la velocidad para aumentar su presencia al volante.

5.1 La meditación como una forma eficaz de autogestionarse

Utilice la meditación, en primer lugar, para relajarse profundamente y para interrumpir ese darle vueltas a la cabeza constantemente. Esta es una buena decisión, porque después de un periodo bastante breve obtendrá una recompensa: bienestar mental. Todo lo demás se dará por sí solo con el tiempo, siempre y cuando sea constante.

Superar los obstáculos

No permita que las dificultades que puedan surgir le aparten de sus propósitos. Todo aquello que hacemos por primera vez, debemos ensayarlo, interiorizarlo y aprender a apreciarlo. Durante la práctica de la meditación pueden surgir los siguientes obstáculos:

- Se cansa rápidamente y se queda dormido.
  ✍Posible solución: Elegir un momento del día en el que sienta que tiene energías y meditar en movimiento.

- Está inquieto y no puede quedarse sentado tranquilamente.
  ✍Posible solución: También en esta ocasión es aconsejable inclinarse por la meditación en movimiento.

- Tiene la sensación de que le falta la fuerza para mantener una postura erguida.
- ✍Posible solución: Elija el escáner corporal para comenzar.

- La constante vorágine de sus pensamientos (o un pensamiento en concreto) no le deja relajarse.
- ✍Posible solución: Trate de distanciarse de ellos y observe toda la acción desde la distancia. Dentro de lo posible, no retome ninguno de los pensamientos y acostúmbrese a no enfadarse a causa de ese torbellino. Seguramente no es la primera vez que tiene tantas agitaciones en la cabeza, pero ahora es consciente de ello por primera vez. ¡Un buen comienzo!

- La respiración le resulta dificultosa porque acaba de comer.
- ✍Posible solución: Aplace entonces la meditación y en su lugar opte por una siesta reparadora de 10 minutos para cargar las pilas.

- Sus colegas de trabajo le interrumpen siempre que se dispone a meditar.
- ✍Posible solución: Cuelgue un letrero de «Por favor, no molestar» en la puerta y ciérrela. Apague también su teléfono móvil, deje de estar disponible por un momento. Es posible que al principio los demás se sorprendan, pero enseguida se acostumbrarán.

- Tan pronto como comienza con la meditación, en su cabeza comienzan a aparecer citas y fechas importantes que, efectivamente, ha olvidado.

✍ Posible solución: Tenga preparados una hoja de papel y un lápiz. Escriba brevemente una palabra clave que más tarde le recordará la fecha en cuestión, y continúe con la meditación.

- Tan pronto como se ha retirado para meditar, empieza a sentir dolores o sensaciones corporales desagradables.

✍ Posible solución: Elija una postura diferente para sentarse o comience meditando en movimiento. Para saber si el dolor es el resultado de la postura para sentarse poco habitual, respire conscientemente en la región del cuerpo que causa problemas y adéntrese en ella sintiendo conscientemente. Ajuste su asiento con los recursos disponibles.

- Usted medita con perseverancia, pero de alguna manera siente que no sucede nada.

✍ Posible solución: Actualmente sabe mucho sobre el efecto de la meditación y seguramente siente mucha curiosidad sobre lo que pueda venir. Relájese y no trate de forzar una emoción particular. Siempre es necesario ejercitarse cuando se trata de una práctica poco habitual y, mientras sea posible, hacerlo sin presión.

- Por primera vez, mientras está meditando experimenta un estado de presencia total y profunda relajación: una nueva cualidad de la existencia para usted, que, si bien resulta estimulante, al mismo tiempo también da algo de miedo.

↳Posible solución: Sí, este estado realmente existe y no tiene nada que ver con la iluminación. Es una sensación agradable y un estado de relax que se producen a través de la supresión de la tensión física y mental. No podemos forzarlo, pero a través de la práctica regular de la meditación podemos experimentarlo cada vez con mayor frecuencia. Los meditadores experimentados se refieren a menudo a este como un estado de ausencia total de pensamientos (dejar la mente en blanco).

Explorar las sensaciones como un componente esencial

Seguramente se está preguntando qué valor añadido aporta explorar nuestras sensaciones durante un ejercicio y observar qué efecto nos produce, y si es realmente necesario hacerlo. Esta fase es, de hecho, muy importante en la práctica de la meditación, pues al hacerlo desarrollamos una sensación que armoniza con el ejercicio. Esta conexión nos ayuda a establecer el ejercicio como experiencia. Si esto no tiene lugar, una parte del efecto se pierde y debe empezar de nuevo otra vez. Probablemente, nunca se le ocurriría ir a la sauna y, acto seguido, sin tomarse un momento de descanso, regresar a sus tareas cotidianas. En lugar de eso, disfruta de la relajación que le ha producido y encuentra la sensación muy agradable. En el caso de la meditación se trata de mucho más que de simple relajación. Tanto más valiosos son por eso los momentos que dedica a la percepción interior para analizar lo que le hace sentir un ejercicio y su efecto.

Meditar en espacios sagrados

Más allá de su confesión religiosa, una iglesia ofrece, aparte de sus cultos, un lugar de silencio para la contemplación, donde se puede meditar estupendamente. Así que busque una iglesia de camino al trabajo o de vuelta a casa e ingrese en un espacio que, a través de su arquitectura, su historia, su arte y su liturgia, simboliza otro mundo. Aquí el alma puede respirar y cobrar fuerzas para la vida cotidiana. Los espacios sagrados nos ayudan a volvernos hacia nuestro interior gracias a una importante reducción del ruido ambiente y del exceso de estímulos del mundo exterior. El bullicio de la ciudad se queda afuera. Aquí encontrará paz y un ambiente especial que puede ayudarle a obtener más claridad y armonía. Especialmente cuando apenas tiene la posibilidad de encontrar un momento para sí mismo en casa o en el trabajo, una iglesia es una alternativa maravillosa.

Evitar el dopaje

Antes de dejarle con un montón de ideas inspiradoras y de posibilidades para que comience a estructurar activamente su vida, quisiéramos utilizar unas cuantas líneas para abordar el tema del dopaje en el lugar de trabajo. No tiene por qué afectarle a usted personalmente, pero tal vez conoce a alguien a quien sí. Con ello nos referimos a medicamentos que requieren receta y que se toman sin fundamento médico con el objetivo de aumentar el rendimiento o como antidepresivos. Su aceptación en la sociedad es, por desgracia, cada vez mayor debido al estrés, a la inseguridad laboral y a la fuerte competencia de hoy en día. Esta evolución se debe al consumo generalizado de medicamentos relacionados con nuestro estilo de vida actual, como por ejemplo aquellos para la pérdida de peso o la impotencia masculina. En este contexto puede observarse que los hombres suelen intentar mejorar su rendimiento, mientras que las mujeres hacen lo mismo, pero con su estado de ánimo. Existe el peligro de subestimar estos recursos aparentemente inofensivos, pues, a la larga, producen muchos efectos secundarios y poseen un gran potencial adictivo. Así que esté atento y protéjase a sí mismo y a sus colegas. Y use la meditación como una alternativa llena de ventajas.

Cuatro principios básicos de autogestión consciente

1. Acostúmbrese a concentrar su atención en el momento presente; solamente así podrá vivirlo de manera consciente.

2. Deje a un lado sus valoraciones, libérese de prejuicios y de aquellas cosas que no está en su mano cambiar, acéptelas de la forma lo más positiva posible. Solo así podrá ampliar y profundizar su percepción.

3. En el terreno laboral, mantenga el equilibrio entre unas exigencias realistas y unos progresos razonables, y en su tiempo libre no intente constantemente centrar su atención en la consecución de sus metas. ¿Cuándo fue la última vez que hizo algo simplemente porque sí?

4. No se aferre a sus costumbres. La vida es un río, las cosas están en constante cambio. Cambie con ellas y atrévase a explorar nuevos caminos.

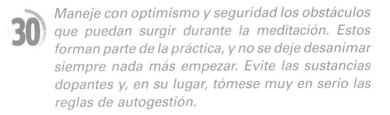

Maneje con optimismo y seguridad los obstáculos que puedan surgir durante la meditación. Estos forman parte de la práctica, y no se deje desanimar siempre nada más empezar. Evite las sustancias dopantes y, en su lugar, tómese muy en serio las reglas de autogestión.

5.2 Meditación en el día a día

Una práctica regular de la atención plena promueve, entre otras cosas, la salud y la eficiencia personal.

La atención plena como estilo de liderazgo

Un estilo de liderazgo basado en la atención plena favorece el desarrollo de habilidades de liderazgo esenciales. Haga de vez en cuando un ejercicio de este tipo.

1. Aprecio. Preste especial atención a la forma y al tono que emplea para decir las cosas. Transmita a sus colegas de trabajo una actitud amable.

2. Sea exigente pero sin sobrecargar. Convenza, motive y defienda su posición de poder de manera clara, pero con prudencia y sin exceder sus límites.

3. Empatía como un aspecto de la capacidad para resolver conflictos. Intente ponerse en el lugar de los demás, muestre toda la comprensión y la empatía posibles ante las dificultades que estos puedan tener y a la vez ofrezca apoyo si fuese necesario. A la larga, todo el equipo saldrá beneficiado.

4. Mantenga el espíritu del principiante. Esté abierto a la variedad de opciones y dispuesto a ver a las personas y a las cosas como si fuera la primera vez. Esto lo protege de los prejuicios y de pasar

por alto los fallos por trabajar siempre en la misma empresa o haciendo siempre el mismo trabajo. Quizás le sirva para redescubrir un punto fuerte de sus empleados que se puede utilizar de manera rentable en su empresa o departamento.

Fundamentos de la comunicación consciente

El tema de la atención plena nos acompaña a lo largo de todo el libro. Y de la misma manera también debe ser un compañero constante en nuestras vidas. Mientras conduce, la atención plena puede salvar vidas, en la educación de los niños crea más cercanía y nos permite crecer junto con nuestros hijos. Así, una comunicación interpersonal basada en la atención plena puede significar una mayor comprensión de la otra persona, incluso cuando se tienen posiciones completamente opuestas.

Como oyente, debe tener en cuenta lo siguiente:

- Escuche activamente y perciba conscientemente las señales corporales de su interlocutor.
- Mantenga el contacto visual.
- Esté presente y dispuesto para empatizar con la otra persona.
- Esté abierto al mensaje. No juzgue apresuradamente.

Como hablante debe tener en cuenta lo siguiente:

- Observe su propio comportamiento conversacional.
- Exprese sus necesidades mediante mensajes que comiencen por «Yo…».

- Maneje de forma responsable los reproches, ya que estos crean distancia y empujan al interlocutor a adoptar una postura defensiva.
- No tenga miedo de los silencios.
- Sienta cuándo es el momento de dar por finalizada una conversación.

La meditación puede ayudarle a conducirse a sí mismo y a dirigir a los demás con atención plena. Considere esta cualidad como una de las nuevas habilidades interpersonales que caracterizan el proceso de cambio en la forma en que las empresas se ven a sí mismas.

5.3 Diez consejos para integrar la meditación en su vida cotidiana

1. Utilice pausas cortas para realizar breves ejercicios de atención plena y concéntrese en su respiración.
2. Aumente su grado de conciencia en la vida cotidiana llevando a cabo de manera consciente acciones que normalmente realiza de forma automática.
3. Siempre que le sea posible, realice sus ejercicios de meditación a la misma hora del día.
4. Desarrolle sus propios rituales a la hora de meditar.
5. Cree en su casa su oasis de bienestar donde pueda practicar la meditación sin que nadie le moleste.

6. Sea paciente consigo mismo y no se presione.

7. Observe cómo influye la meditación en su vida cotidiana y en su bienestar, y déjese motivar por ello. Una buena manera de hacerlo es llevar un diario de meditación.

8. Haga de su «lugar tranquilo» un sitio de reflexión. Utilícelo para tomarse un descanso y tómese el tiempo que necesite sin prisas.

9. Atrévase a compartir sus experiencias con otras personas que practiquen la meditación y a probar alguna vez una meditación en grupo. Puede ser una experiencia profunda y positiva, y evitará que caiga en la rutina.

10. No posponga la práctica de la meditación. ¡Lo mejor es que comience hoy mismo!

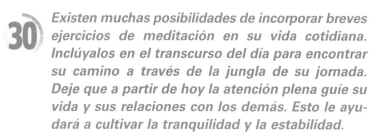

Existen muchas posibilidades de incorporar breves ejercicios de meditación en su vida cotidiana. Inclúyalos en el transcurso del día para encontrar su camino a través de la jungla de su jornada. Deje que a partir de hoy la atención plena guíe su vida y sus relaciones con los demás. Esto le ayudará a cultivar la tranquilidad y la estabilidad.

Sinopsis

1. Introducción a la meditación

Libérese de los prejuicios de que la meditación es solo para los amantes del yoga. Porque la realidad es que nos ofrece una forma de encontrar un mayor equilibrio entre nuestra vida personal y laboral y de lograr una mejor calidad de vida y bienestar, además de una actitud amable de aceptación hacia nosotros mismos y los demás. También reduce el estrés de la vida cotidiana y relaja el cuerpo y la mente. La meditación es una técnica transcultural que puede practicarse con independencia de cualquier tipo de dogmas espirituales. Los ejercicios son sencillos, fáciles de seguir e indicados para casi todo el mundo. Practicados con regularidad, mejorarán sus habilidades intuitivas y fortalecerán su confianza. Será una persona más feliz, más relajada, y vivirá su vida con atención plena. Dado que se trata de un proceso activo, al mismo tiempo que entrena su cerebro, activa su sistema inmunológico y fortalece su poder de autocuración.

Todo lo que necesita para meditar en posición sentada es:

- *un lugar donde sentarse de manera erguida;*
- *un mudra, mantener la mente clara y despierta;*
- *una afirmación;*
- *estar dispuesto a ser paciente consigo mismo.*

2. Meditaciones breves para comenzar bien el día

La risa tiene muchos efectos positivos y es ideal para empezar bien el día. Levante su ánimo con una suave sonrisa interior o bien opte por un cóctel de la risa con ingredientes de su elección. Deje que vaya aumentando una sensación de satisfacción, prepárese un paquete de risas o cambie su perspectiva con ayuda de un interlocutor ficticio. Si, por el contrario, desea afrontar la mañana de forma activa, entonces recurra a los ejercicios de respiración. Respire caóticamente, es decir, sin un ritmo fijo, a través de la nariz y concéntrese en la exhalación (de la inhalación se ocupa su cuerpo por sí solo). A continuación, intensifique el contacto con su cuerpo mediante golpeteos y explore la sensación en silencio.

O puede utilizar el saludo al sol como una especie de ducha de energía mental. Para ello, imagínese el sol como una poderosa fuente de luz, claridad y calor dentro de su corazón, y deje que su cuerpo se llene de vitalidad y su mente de claridad para el día que tiene ante sí.

Diez minutos por las mañanas son suficientes para prepararse para el día. Aproveche ese valioso tiempo para hacer frente, de forma relajada y con un mayor grado de concentración, a las exigencias que debe satisfacer. Porque nada es tan valioso como estar conectado con uno mismo y el propio cuerpo, tanto si utiliza la risa como el movimiento o su imaginación.

30

3. Meditaciones breves para una mayor serenidad en el trabajo

Sin duda, su lugar de trabajo le ofrece alguna posibilidad de concentrarse y dirigir la atención a su interior. Con un poco de curiosidad y creatividad, conseguirá encontrar algo de tiempo para la meditación. Si tiene dificultades para tomarse unos momentos a lo largo de su jornada laboral, planee una cita ineludible consigo mismo y apúntela en su agenda. Puesto que la respiración es su compañero permanente, puede utilizarla para realizar un ejercicio de atención plena. Puede percibirla, dirigirla, contar cada inspiración y exhalación o elegir un pensamiento en el que concentrarse.

La hora del almuerzo resulta también ideal para realizar un ejercicio de meditación en el que el disfrute y el comer conscientemente tengan todo el protagonismo. De esta manera, a la vez que hace algo por su salud, aprende más sobre sí mismo. También estando de pie o caminando puede agudizar sus sentidos y aumentar su atención.

Y si todo esto no le convence, entonces pruebe el saludo de hombros para aliviar la tensión en la zona del cuello y los hombros.

La duración media de una pausa para fumar es de entre siete y diez minutos. Si en su lugar de trabajo invierte en la práctica de la meditación tanto tiempo como un fumador en tres cigarrillos, entonces ese día ya habrá hecho mucho por su salud. ¡Pruébelo! Utilice para ello:

- **su respiración;**
- **la próxima comida;**
- **sus pies como antenas;**
- **el saludo de hombros para reducir la tensión.**

4. Meditaciones breves para una noche relajante

La noche es el mejor momento para poder dedicarle algo más de tiempo a la meditación. Para ello, el escáner corporal resulta especialmente adecuado. Desarrollado por Jon Kabat-Zinn y basado en el método REBAP, es un concepto probado y reconocido en todo el mundo para superar el estrés. Para tal fin, ha de ir repasando mentalmente y de manera metódica cada una de las zonas de su cuerpo mientras se traslada a un estado de calma y relajación.

Si, por el contrario, desea afrontar la noche de forma activa, nada le impide hacer una caminata de yoga. Una caminata de yoga combina un ejercicio cardiovascular suave con los beneficios de la meditación: justo lo ideal para un corazón sano y un descanso mental.

Como alternativa, el saludo a la luna con sus cuatro fases es una buena forma de cerrar el día y garantiza un sueño reparador. Pruebe la postura de yoga del león, muy adecuada como ejercicio para el equilibrio emocional y que, con frecuencia, proporciona un buen estado de ánimo en la oficina. Proceda de forma intuitiva y decida cuál es la forma de meditación que mejor se adapta a sus noches.

30 *Aprecie todo lo que le aporta su cuerpo desde el punto de vista físico, pero sin dejar de lado el espíritu. Con un poco de práctica conseguirá encontrar un equilibrio y, a partir de este, podrá desarrollar su bienestar personal.*

5. Lo que debe saber además

En la meditación la meta es el camino. Los obstáculos que nos encontramos, por lo general, pueden superarse con algo de paciencia y confianza. Para ello, este libro le ofrece instrucciones concretas. Con el paso del tiempo, entenderá la meditación como una parte importante de su higiene mental. Pronto se dará cuenta de que no solamente el cuerpo precisa de cuidados para mantener la salud, sino que también tenemos que dedicarnos a nuestra mente para que se mantenga sana. Solo entonces puede surgir una sensación plena de bienestar y satisfacción. No eche mano de medicamentos cuando se trata de cumplir con sus exigencias profesionales. Esto únicamente hará daño a su salud, mientras que la meditación enriquecerá su vida. Maneje el tema con la mente abierta y practique de forma habitual para integrar los principios de la autogestión conscientes en su conducta y su nueva perspectiva de las cosas. Puede estar seguro de que su entorno notará la diferencia y la valorará positivamente. Tal vez consiga transmitir a sus colegas, amigos o familiares el aura que le ha proporcionado la meditación y despertarles el gusto por la misma. Si eso sucede, entonces podrán recordarse unos a otros la obligación de practicar y motivarse entre sí.

Básicamente, el principio de gestión de la atención plena es una forma interprofesional e intersituacional de análisis orientado a los recursos de las capacidades y necesidades propias y de los demás. En este contexto, la meditación es una herramienta eficaz de la que puede servirse siempre que lo desee y de acuerdo con sus necesidades. El factor decisivo es que efectivamente lo haga. La atención plena proporciona a los directivos la oportunidad de comprenderse mejor a sí mismos y de mejorar su liderazgo. Según reza el lema de Thich Nhat Hanh, un monje budista y maestro de meditación de nuestro tiempo:

Todo lo que hacemos por nosotros, también lo hacemos por los demás, y todo lo que hacemos por los demás, también lo hacemos por nosotros».

Bibliografía

- ESSWEIN, J. T.: *Achtsamkeitstrainin,* Múnich: Gräfe & Unzer Verlag, 2012.
- HARP, D. y N. FELDMAN: *Meditieren in drei Minuten,* Reinbek (Hamburgo): Rowohlt Taschenbuch Verlag, 2009.
- KABAT-ZINN, J.: *Gesund durch Meditation,* Fráncfort del Meno: Fischer Verlag, 2009.
- LEHRHAUPT, L. y P. MEIBERT: *Stress bewältigen mit Achtsamkeit,* Múnich: Kösel Verlag, 2010.
- LITZCKE, S. M. y H. SCHUH: *Stress, Mobbing und Burn-out am Arbeitsplatz,* Heidelberg: Springer Verlag, 2005.
- OTT, U.: *Meditation für Skeptiker,* Múnich: O.W. Barth, 2010.
- SEIWERT, L.: *Wenn Du es eilig hast, gehe langsam,* Fráncfort del Meno: Campus Verlag, 2005.
- STERZENBACH, K.: *30 Minuten Business-Yoga,* Offenbach: GABAL Verlag, 2010.
- STOCK, C.: *Achtsamkeitsmeditation,* Stuttgart: Trias Verlag, 2012.
- TRÖKES, A.: *Meditation für Anfänger,* Petersberg: Verlag Via Nova, 2011.

Índice temático

Títulos de la colección 30 Minutos

Aprender fácilmente en 30 minutos

Cómo conocer mejor a las personas
Las claves del lenguaje no verbal
Bernhard P. Wirth

Aprender fácilmente en 30 minutos

Cómo administrar bien el tiempo para caóticos
Lothar Seiwert/Horst Müller/Anette Labaek

Aprender fácilmente en 30 minutos

Negociar con éxito en la vida cotidiana
Peter Brandl

Aprender fácilmente en 30 minutos

PNL para cada día
Cómo mejorar nuestras relaciones
Egon R. Sawizki

Aprender fácilmente en 30 minutos

Cómo leer mejor y más rápido
Libros, informes y mails
Martin Krengel

Aprender fácilmente en 30 minutos

Aprenda a meditar
de forma fácil y rápida
Monika A. Pohl

Aprender fácilmente en 30 minutos

Conciliar vida laboral y personal
Lothar Seiwert

Aprender fácilmente en 30 minutos

Cómo administrar bien su tiempo
Lothar Seiwert

Aprender fácilmente en 30 minutos

Organizarse de forma eficaz
Detlef Koenig/Susanne Roth/Lothar Seiwert

Aprender fácilmente en 30 minutos — 30 MINUTOS — **Vender más** — Peter Mohr

Aprender fácilmente en 30 minutos — 30 MINUTOS — **Superar el estrés** — Antony Fedrigotti

Aprender fácilmente en 30 minutos — 30 MINUTOS — **Cómo motivar** — Reinhard K. Sprenger

Aprender fácilmente en 30 minutos — 30 MINUTOS — **LinkedIn, Twitter y Facebook** — Redes sociales para principiantes — Tim Schüller/Michael Münz

Aprender fácilmente en 30 minutos — 30 MINUTOS — **Burnout** — Soluciones al síndrome de agotamiento profesional — Frank H. Berndt

Aprender fácilmente en 30 minutos — 30 MINUTOS — **Lenguaje corporal** — Saber lo que piensan los demás en el trabajo — Monika Matschnig

Aprender fácilmente en 30 minutos — 30 MINUTOS — **Self-coaching** — Mejorar el rendimiento en el trabajo — Stefanie Demann

Aprender fácilmente en 30 minutos — 30 MINUTOS — **Estúpidos: manual de doma** — Cómo trabajar con gente insoportable — Gitte Härter

Aprender fácilmente en 30 minutos — 30 MINUTOS — **¡Me voy!** — Trabajar en el extranjero y cómo afrontar el traslado — Brigitte Hild

Aprender fácilmente en 30 minutos

30 MINUTOS

Mejorar la memoria

Técnicas sencillas y eficaces para recordar números, nombres y hechos

Oliver Geisselhart

Aprender fácilmente en 30 minutos

30 MINUTOS

Inteligencia emocional

La clave para el éxito profesional

Jörg Wurzer

Aprender fácilmente en 30 minutos

30 MINUTOS

Hablar bien en público y en privado

Peter Heigl

Aprender fácilmente en 30 minutos

30 MINUTOS

Resiliencia

Superar las adversidades con la fuerza interior

Ulrich Siegrist/Martin Luitjens

Aprender fácilmente en 30 minutos

30 MINUTOS

¡Change!

Cómo afrontar los cambios para prosperar

Stratus Sven von Staden

Aprender fácilmente en 30 minutos

30 MINUTOS

Cómo administrar bien su tiempo con el iPhone

Lothar Seiwert/Holger Wölte/Wolfgang Maison